目次

日本共産党創立102周年記念講演

いま日本を変える歴史的チャンス
——暮らし・平和・人権、そして未来社会

幹部会委員長　田村　智子

日本共産党創立102周年記念講演

いま日本を変える歴史的チャンス

——暮らし・平和・人権、そして未来社会

幹部会委員長　田村　智子

2024年7月13日

講演する田村智子委員長＝2024年7月13日、党本部

会場のみなさん、オンラインでご参加のみなさん、こんにちは。日本共産党創立102周年記念講演会にご参加いただき、ありがとうございます。そしてまた、4人のみなさんから大変温かい激励のメッセージをいただいたことにも心から感謝申し上げます。改めまして、田村智子です。初めての記念講演で、少々緊張していますが、心を込めてお話ししますので、どうぞよろしくお願いいたします。（拍手）

都知事選挙について

まず、7日（2024年7月）に行われた東京都知事選挙についてです。自民党政治への国民の怒りに応え、また都政を変えようと、蓮舫《れんほう》さんが勇気をもって

チャレンジし大奮闘されたことに、心から敬意を表します。猛暑のなか奮闘されたみなさん、ご支援いただいたみなさんにも、心から感謝と敬意を表するものです。

結果は残念なものでしたが、市民のみなさんと心を通わせてたたかう選挙となったことは、今後につながる大切な財産になると思います。先日、蓮舫さんが、応援した国会議員の事務所を訪ねてお礼に回られました。私も直接お話しし、健闘をたたえましたが、「共産党の応援に心から感謝している。『ひとり街宣』が広がったことは、新しい民主主義への一歩だと思っている」と元気に話されていました。その通りだと思います。

この選挙からどういう教訓を引き出すか、都民のみなさんの声に耳を傾けて、ともに選挙をたたかった市民と政党のみなさんと、率直に議論をしていきたいと考えています。

自民党は、都知事選挙では姿をあらわすこともできず、都議補欠選挙で8選挙区で候補者を立てましたが、2議席獲得にとどまり、議席を後退させました。このことをみても、自民党への強い怒りがはっきりと示されたことは明らかです。

私たちが候補者を立ててたたかった都議補欠選挙では、どこも前回の得票を大きく伸ばしています。特に、板橋区では、立憲民主党の都議、社民党の区議、そして市民のみなさんが最初から最後まで一緒に街頭に立って応援し、板橋区での過去最高の得票で、下村博文元文科大臣が応援する自民党候補者に肉薄しました。

私たちは、政治を変える力は「市民と野党の共闘」にあり、日本共産党を伸ばすことにあると確信していますが、きょうの講演のテーマにある通り、自民党政治を変える歴史的チャンスの情勢が、この選挙でも示されたと、このことをまず強調したいと思います。

裏金事件。自民党の本性があらわになった

今年、これまでに行われた選挙では、自民党が候補者を出せない、あるいはわが身を隠さなければ選挙をたたかえないという事態となっています。裏金事件への国民の怒りは、決しておさまっていません。しかも、スキャンダルへの怒りというにとどまらず、裏金の温床である企業・団体献金を禁止すべきという世論が多数になったことは、大変重要です。

30年前、政治腐敗への国民の怒りを小選挙区制導入にすりかえ、企業献金を温存する偽物の「政治改革」が、当時の非自民政権と自民党の談合によって強行されました。この時、これに真っ向から反対を貫いたのは日本共産党だけでした。それ以降、わが党は、企業・団体献金禁止の法案を、繰り返し提出しつづけてきました。先の国会で、これが国民多数の

世論となり、初めて他の野党からも禁止法案が提出されました。いまや拒否するのは自民党だけとなったことは、わが党の歴史的奮闘の先駆性を鮮やかに示すものです。

田村智子委員長の講演を聞く人たち＝２０２４年７月13日、党本部

自民党は、世論がどれほど強まろうとも、裏金事件の真相究明にも、企業・団体献金の禁止にも、一歩も踏み出すことはできません。財界・大企業に政治資金を提供してもらい、その目先の利益のために貢献する、それが自民党の姿だからです。

こうした自民党の本性を暴き、窮地に追い詰めているのが、日本共産党だと、胸をはって知らせていこうではありませんか（拍手）。「しんぶん赤旗」日曜版の決定的スクープ、国会での追及、地域で「しんぶん赤旗」を配達し、対話や宣伝にとりくむ党員のみなさん、後援会や読者のみなさん、まさにみんなで、国民の世論を広げ、自民党を追い詰めています。

ここで終わったことにしたら、裏金議員をはじめ自民党を喜ばせるだけです。組織的犯罪である裏金事件の真相究明、そして、企業・団体献金の全面禁止、政党助成金制度の撤廃へ、さらに世論と運動を広げていこうではありませんか。（拍手）

講演のテーマについて

裏金事件にとどまらず、今、自民党政治は、暮らしと経済、平和と外交、ジェンダー平等をはじめ人権、あらゆる面でどん詰まりに陥っています。新しい政治への転換が求められているのが、今の情勢です。

２０１２年12月に自民党が政権に返り咲いてから、今年で12年。安倍・菅《すが》・岸田政権によって、自民党政治がいまどういう地点にあるのか、そして、日本共産党は政治と社会をどう変えようとしているのか、暮らし・平和・人権、そして未来社会についてお話をいたします。

1 暮らし・経済――アベノミクスがもたらした〝どん詰まり〟。「暮らし応援」の「経済再生プラン」で政策の転換を

「生活が苦しい」が過去最悪の6割――アベノミクスの12年の結果

まず一つ目に、暮らしと経済です。「何より、暮らしに希望がほしい」、みなさんの実感ではないでしょうか。今、政府が発表するさまざまな調査は、私たちの暮らしがかつてないほどに苦しくなっていることを示すものばかりです。

今月、厚生労働省が発表した「国民生活基礎調査」では、「生活が苦しい」が59・6%、統計が始まった1986年以降、最悪となりました。内訳をみると、高齢者で59・0%、18歳未満の子どもがいる世帯では65・0%、どちらも前の年から10ポイント以上も増えていて、物価高騰で「もう節約も限界。なんとかしてほしい」という悲鳴が聞こえてきます。

「生活が苦しい」という実態はどういうものか、東京都内で10年以上、街頭での食料支援や生活相談にとりくみ続けている、谷川智行さん――医師で党中央政策委員会副責任者でもあります、この谷川さんにお聞きしました。

――コロナ危機の前は、食料を受け取りにくるのは、住居を失った方がほとんどだった。最近は、圧倒的に、仕事がある、住まいがある、保険証がある、けれど長期にわたる賃金の低迷、年金カット、そこに物価高騰で、きょう、あすの食事に事欠くという方々が増えている。派遣で働く40代の女性は収入が安定せず、国民健康保険料は何とか払っているが、生活がとても苦しく、体調が悪くても病院には行けない。「今後のことを相談しましょう」と持ちかけるが、「今は何も考えられません。毎日生きているだけで精いっぱいです」と、毎週、食料やマスク、ばんそうこうなどを受け取って帰られる。次の支援につながればと祈るような思いで渡している――お話を聞いて胸が痛くなる事例ばかりです。

食料支援の現場からは、物価高騰の影響があまりに大きいという声が、どこでも聞かれます。なぜ物価高騰が止まらないのか。アベノミクスの「異次元の金融

緩和」が、異常円安をもたらしていることが最大の要因です。エネルギーも食料も輸入に依存しているために、異常円安が食料品、電気・ガス料金の高騰に直結しています。

何よりも今の深刻な生活苦の根本には、実質賃金が減り続けているという大問題があります。実質賃金は、1996年をピークに年74万円も減っていますが、2012年から23年でみても33万6000円も減少しています。そして、2度にわたる消費税率の引き上げで17・3兆円、人口で割れば、国民1人あたり13万9000円も消費税負担が増えてしまった。かつてない生活苦は、まさにアベノミクス以来12年の自民党政治の結果なのです。

大企業と富裕層に巨額の利益が流れ込んだ

一方で、大企業と富裕層はどうでしょうか。大企業の純利益はアベノミクスからの10年間で3倍（12年→22年）、内部留保は178兆円増えて511兆円。日本の大資産家、上位40人の資産は、12年間（12年→24年）で、7・7兆円から29・5兆円へと3・8倍にも膨れ上がりました。

例えば、トヨタ自動車は、今年3月期決算で5兆円の利益です。史上最高益を更新し続けています。このうち2兆円が配当などで株主に回る。一方で、賃金総額は46億円増えただけ。賃金に回ったのは、利益に対して0・09％、1000分の1、ほとんど見えないほどということになってしまいます。

それでは会長である豊田章男氏の役員報酬はどうでしょうか。前年比6割増の16億2200万円。つまりは60％の賃上げということになります。豊田会長は大株主でもあるので、これ以外に配当を17億6000万円、あわせて33億8000万円を1年間で受け取っています。

下請け企業にはどうでしょうか。トヨタは、24年度に、取引企業への支払いを3000億円増やすと言いますが、これに対して、日本商工会議所の小林健会頭が次のように述べています。

「本当はその実もうけの中に、経費として下請けに値増し分を払ってやる分が1兆円ぐらいあってしかるべき」「大企業活動のコストとして必要なコストとしてあらかじめ入れておかないとおかしい」――後から払うんじゃない、最初から1兆円ぐらい中小企業に渡る分だったじゃないか、こういうお話ですね。日本商工会議所は、経済3団体の一つですが、小林会頭の指摘は全くその通り、私も同感だとお伝えしたいと思います。

（拍手）

今月5日、トヨタの子会社が下請法違反で行政指導を受けました。取引先に対して不当な費用負担を強い、賃上げの阻害までしていたということです。となれば、そもそもが、中小企業から搾り取った利益ということではありませんか。

安倍・菅・岸田政権の12年、大企業の内部留保、富裕層の所得や資産へと巨額のお金が流れこみ、ためこまれ続けています。その一方で多くの国民が、生活苦に追い詰められ、中小企業も苦しんでいます。こんな不公正でゆがんだ状態を、自民党政治は変えようともしません。変える策もありません。まさに〝どん詰まり〟状態に陥っているのです。

「トリクルダウン」（大企業の利益優先）から「ボトムアップ」（暮らし優先）への大転換が、経済再生・暮らしに希望の道

日本共産党は、このどん詰まりを打開しようと、昨年（2023年）9月「経済再生プラン」を打ち出しました。①政治の責任で賃上げと待遇改善をすすめる——人間を大切にする働き方改革、②消費税減税、社会保障充実、教育費負担軽減——暮らしを支え格差をただす税・財政改革、③気候危機打開、エネルギーと食料自給率向上——持続可能な経済社会への改革。この三つの改革を柱とした政策提言です。党中央のホームページにも全文が載っていますので、ぜひお読みください。

ここでは、どういう立場での政策なのかをお話しします。アベノミクスは、「まずは大企業をもうけさせること。そうすれば、賃上げにつながる」という、典型的な「トリクルダウン」（利益がしたたり落ちる）という政策です。2013年アベノミクスが始まったときの国会論戦を振り返ると、日本共産党は「政治の責任で賃上げが必要」だと繰り返し求めましたが、当時の安倍首相は「何が足りなかったかと言えば、思い切った金融緩和」あるいは「成長戦略で、企業収益を向上させ、雇用拡大や賃金上昇という好循環をもたらす」という答弁に終始しています。まさに「トリクルダウン」です。

しかしどんなに待っても、したたり落ちてこなかった。もう失敗を認めて、「ボトムアップ」——暮らし最優先の経済政策に転換しよう、というのが「経済再生プラン」です。

アベノミクス以降増えた大企業の内部留保に課税して、中小企業への直接支援として賃上げにそのお金を回す新たな仕組みをつくる、最低賃金1500円、ケア労働者の賃上げを政治の責任でなど、大幅賃上げの現実的な政策を提案しています。

税金の集め方、使い方も同じ考え方です。アベノミクスは、大企業に減税しながら消費税を増税しました。大企業の税金の負担が軽くなれば経済が活性化して、いずれ暮らしに回る。そのために国民の家計に負担を増やしても仕方がない。ここでも「トリクルダウン」です。これを転換して、利益を大きく増やし巨額の資産をつくった大企業と富裕層に、

応分の負担をしてもらい、消費税を減税する。教育費の負担を軽くし、社会保障を充実する。「暮らしの応援」という「ボトムアップ」こそ、国民の切実な願いに応え、格差と貧困をなくしていく。同時に、経済を活性化させるという改革提言になっています。

また、再生可能エネルギーを大幅に増やし、エネルギー100%自給の戦略をもつ。そして、食料も「いくらでも輸入できる」という時代は終わった、3割台に落ち込んだ食料自給率を、早く50%に回復させる戦略をもち、農業・畜産・酪農の危機を打開することも柱にすえました。

明日に希望がみえてくる経済政策ではないでしょうか。私たちは今、各地でシンポジウムや懇談にとりくんでいますが、大阪では、関西の経済団体に「経済再生プラン」を届けて懇談したところ、共産党が真剣に日本の経済のことを考えていることに共感が表明されたということです。

日本の経済の現状をどうにかしたいというのは、経営者も同じではないでしょうか。大企業にとっても、投資にも賃金にも回らず内部留保が膨張し続けるというのは、健全な企業経営ではないでしょう。お金は生きた経済に回らなければ、新たな富を生み出すこともありません。

しかし、一つひとつの企業では身動きがとれない。だからこそ、ゆがみをただし、経済を再生させる政治の転換が求められているのではないでしょうか。

職場のたたかい、各分野の運動を広げてこそ実現できる

それでも、政治の転換には、妨害・抵抗があるのが世の常です。国民的な運動、たたかいのなかにこそ、「経済再生プラン」実現の希望があります。私たちは、今とりくまれている運動・たたかいに連帯して、それを、政治を変える力につなげていく決意です。

職場のたたかい――たたかう労働組合とともに

賃上げ・労働条件の待遇改善は、なんといっても職場のたたかいがあってこそ実現します。今、日本でも世界でも、たたかう労働組合、ここに注目と期待が寄せられていることをご存じでしょうか。

アメリカの自動車産業の労働組合、全米自動車労組（UAW）は、昨年、米国ビッグ3の自動車メーカーの主要工場で、大規模なストライキをたたかいました。7週間に及ぶストライキをたたかったといわれています。「経営トップの役員報酬は4年間で40%増えている。ならば労働者の賃金も4割アップを」と要求を掲げ、4年半で20~30%の大幅賃上げを勝ち取ったのです。このたたかいは世界の注目を集め、多くの労働者に勇気を

与えています。

実はこのストライキの先頭に立ったショーン・フェイン委員長が、全労連(全国労働組合総連合)にビデオメッセージを送っていて、私も全労連のユーチューブチャンネルで見てみましたが、実に感動的なメッセージです。5分30秒を超えるメッセージですが、その一部を紹介します。

「米国の地から、みなさんの春闘を注視し、公正な経済を目指すたたかいに連帯します」「大企業の強欲はとどまるところを知らず、世界中のどこででも1ドルでも多く労働者から搾取しようとします」「人間性を求める私たちのたたかいは国境を超えてつながっています。資本に国境はありません。労働者にも国境はないはずです。職場と家庭でよりよい人生を実現するために立ち上がっている労働者と全労連のみなさんに、UAWが連帯していることを誇りに思います。みなさんのたたかいは私たちのたたかいです。みなさんが歩む道は私たちの歩む道です。企業経営者に目にもの見せてやりましょう」

実に熱いメッセージですね。こうしたメッセージが届いたのは、全労連を先頭とした春闘が、ストライキも構えて大幅賃上げを勝ち取ろうとしている、そのことが、国境を超えて伝わっているからだと思います。

日本医労連(日本医療労働組合連合会)はストライキを正面にすえて春闘をたたかいました。「ストライキによって労使対等になれることを、実感できた」「看護師や医療人だけでなく、患者さんや地域とともに変えていきたい」「看護師の賃上げだけを要求するのではなく、すべての労働者の底上げが必要」――看護師をはじめ病院の職員のみなさんがストライキに団結するというのは、相当な勇気も決断も求められるものだと思います。たたかいの中で、自分の生活のためだけでなく、労働者全体のため、患者さんや地域のため、連帯し団結することが大切だと語られていることに、敬意を表し連帯したいと思います。

非正規で働くみなさんが、職場の違いを超えて労働組合に結集して、非正規春闘がたたかわれたことも大きな激励になっています。また、公務職場の労働組合に、非正規の職員が結集して、理不尽な雇い止めをやめろと声をあげています。このもとで、ハローワークなど国家公務の職場で起きている、非正規は3年で機械的に雇い止めという国の方針がついに見直されました。この見直しは自治体にも波及するでしょう。私も国会で、その仕事が継続しながら、その人が必要とされているのに機械的に雇い止めをするのかと、何度も取り上げてきました。公務職場の労働組合のみなさんとたたかいとった一歩を、とてもうれしく思います。民間も公務も、人生を細切れにするような雇い方を規制し、明日に希望が持てる安定した働き方を保障する、それでこそ安心してスキルアップもできるのではないでしょうか。(拍手)

職場のたたかいに連帯して、人間を大切にする働き方への改革を実現していこうではありませんか。(拍手)

若者たちの新たな運動――学費値上げ反対、学費半額・無償化へ

暮らしをめぐる各分野の運動にも大いに連帯したいと思います。その一つが、大学学費値上げに反対し、値下げと無償化を求める青年・学生の運動です。

5月中旬、東京大学で現在の授業料53万5800円の2割、11万円近い値上げが検討されていることが大きく報じられ、学生のみなさんは、すぐに反対の声をあげました。学生自治会のアンケートをはじめ、多くの学生が、学生投票、学内集会、国会での集会などに立ち上がり、値上げの検討を断念するよう迫っています。当初、6月にも値上げが発表されるのではないかとみられていましたが、学生たちの運動でこれを許していません。昨日の報道では「11月までに決定される予定」とのことですが、値上げ撤回へ、学生たちの運動へエールを送ろうではありませんか。（拍手）

学生のみなさんがどういう思いでこの運動に立ち上がっているのか、教養学部学生自治会発行の「学費問題を考える」というパンフレットには、行動を起こした学生たちの思いがたくさんつづられています。「東大だけの問題でも国立大学だけの問題でもない。歯止めを今かけなければ、他の大学も追随するだろう」、「同じ大学で、同じ教室で、同じことを学んでいるのに、何百万円の借金を背負って卒業する学生と、一円も借金を背負わずに卒業する学生がいる。私はこの事実をどう受け止めていいかわかりません」――学生たちの真剣な議論が伝わってきます。

それに対して自民党や政府の中の議論はどうでしょうか。今、自民党の中でも文科省の審議会でも、大学の国際競争力を確保するためには、教育・研究費を増やさなければならない、だから、学費値上げが必要という議論が出てきています。しかし、自民党政治は、国立大学の運営費交付金を1割以上削減し、物価高騰で大学から悲鳴があがってもまともに予算を増やすことさえしていません。こんな政治を続けながら、学生に頼ろうというのは、あまりにも情けない議論ではありませんか（拍手）。こんな議論をしているから国際競争力、教育や研究、世界から立ち遅れているのではないでしょうか。（拍手）

日本の高等教育への公費負担はOECD（経済協力開発機構）諸国でワースト2。学生が学費のために深夜バイト、子育て世代が生活を切り詰める、若い世代が奨学金という借金を総額10兆円も背負っている。こういう国に未来があるのか。学生たちに連帯して、教育予算の大幅増で、ただちに授業料半額、無償化へと政治を転換する大きな運動を起こしていこうではありませんか。（拍手）

社会保障が暮らしの安心になるように、また農業、気候危機など、あらゆる分野で要求が強まり、運動が広がっています。要求の一致点で連帯し、ともに運動を広げたいと思います。同時に多様な要求を、自民党政治を終わらせて新しい

政治へ転換する国民的な運動へとつなげていくために、力を尽くそうではありませんか。

たたかいと一体に政治を変えることが求められています。来たるべき総選挙では、財界・大企業の利益最優先の政治をもとから変える、日本共産党をどうか躍進させてください。どうぞよろしくお願いいたします。（大きな拍手）

2 平和——強権政治で「平和国家」のあり方を根底から壊す暴走。憲法9条にもとづく平和外交を進める日本へと転換しよう

集団的自衛権の行使容認から10年。立憲主義も「平和国家」のあり方も破壊する暴走に日本共産党が立ち向かっている

二つ目に、平和についてです。いま、南西諸島をはじめとしたミサイル配備、全国の自衛隊基地の「強靱《きょうじん》化」、米軍と自衛隊のかつてない規模での軍事演習など、「戦争の準備」としか言いようがない事態が進んでいます。

この始まりは、安倍政権による、２０１４年の集団的自衛権行使容認の閣議決定です。日本は攻撃を受けていないのに、海外でのアメリカの戦争に参加し、米軍を支援するため自衛隊が武力を行使できる——憲法9条に反することは誰の目にも明らかです。ところが安倍政権は、閣議決定で憲法9条の解釈を百八十度変えてしまった。そして２０１５年、この閣議決定にもとづき、集団的自衛権行使のための法整備、安保法制が強行されました。

２０２２年12月、岸田政権は「安保3文書」で、集団的自衛権を行使できる自衛隊へと、自衛隊の装備と組織をつくりかえる方針を示し、そのために２０２７年度までに軍事費を2倍化することを、これも閣議だけで決定しました。

敵基地攻撃能力の保有——日本から相手の国の領土を攻撃・破壊するために長射程ミサイルを大量に配備する。これま

では、相手の国まで攻撃することは「専守防衛に反し、憲法違反」としていたものをかなぐり捨てました。最新の戦闘機を他国と共同開発し、第三国にも輸出できる——国際紛争を助長しない、だから武器輸出はしないという、憲法にもとづく「平和国家のあり方」とされてきたことも投げ捨てて、武器産業で経済成長ということまで言われています（「死の商人だ」の声）。「死の商人」、その通りです。

　さらに、陸・海・空の3自衛隊それぞれの司令部の上に、統合作戦司令部をつくる——4月の日米首脳会談での合意にもとづいて、自衛隊を米軍の指揮・統制下に深く組み込み、日米一体で敵基地攻撃能力を運用する体制をつくろうということです。米軍の統合防空ミサイル防衛（IAMD）は先制攻撃を柱としています。IAMDについての公式文書では、「同盟国の主権の一部を切り離させる」とまで書いてあります。日本の主権まで米国に差し出そうというのでしょうか。

　２０１４年の閣議決定で、憲法解釈を勝手に変えたことが、どこまでも憲法をふみにじるタガがはずれた暴走政治を引き起こし、戦後の日本のあり方が土台から崩されるところまできています。

　この暴走に断固として立ち向かっているのが、私たち日本共産党です。野党であるならば、立憲主義の回復という立場にたって、自民党政治の暴走に決然と立ち向かうべきではないのか、この場からも訴えたいと思います。（大きな拍手）

憲法解釈を変える政権は、政治的モラルさえ失った

　憲法解釈を平然と変える政権は、どこまでも堕落し、最低限のモラルさえも失っています。森友・加計《かけ》・桜を見る会に見られた政治の私物化、検察人事への介入、日本学術会議の会員任命拒否、防衛省・自衛隊の組織ぐるみの違反・不正も明るみに出ました。そして沖縄への強権政治です。

　自民党の政権復帰の直後、２０１３年1月、沖縄は、普天間基地撤去・県内移設断念を求め、県内すべての市町村長とすべての議会の議長が署名した「建白書」を安倍政権に提出しました。その後も、県知事選挙・国政選挙、県民投票で何度も、辺野古に米軍基地はつくらせないと民意を示しました。しかし、安倍・菅・岸田政権は、米軍辺野古新基地建設をひたすら強行しています。民主主義も地方自治も踏みにじってはばからない政治は、ついに、米兵による性的暴行事件を隠蔽《いんぺい》するところまで、モラル崩壊を起こしている——このことを厳しく指摘しなければなりません。（「その通り」の声、拍手）

　昨年12月、16歳未満の少女に対する誘拐・性的暴行という重大な米兵の犯罪が起きたにもかかわらず、日本政府は沖縄県に通報せず、6カ月後に地元メディア

の報道によって明らかとなりました。沖縄県議会の質疑で、2023年以降、米兵による性的暴行事件は5件発生したのに、すべて通報されていなかったことも判明しました。

私も先週、外務省・防衛省を呼んで、「なぜ沖縄県に通報しなかったのか」と直接、問いただしましたが、こともあろうに「被害者のプライバシーに配慮した」という説明が繰り返されました。プライバシー保護は当然です。しかし政府がやったことは、被害者ではなく加害者である米兵と米軍を守ったに等しいではありませんか。（「そうだ」の声）

そもそも米兵犯罪の通報制度がなぜつくられたのか。1995年、当時小学生の少女に対する米兵の性的暴行事件が起き、沖縄に怒りが燃え上がったからです。県民のすさまじい怒りのもとで、米兵の犯罪を迅速に関係自治体に通報するためにつくられた制度、それを日本政府が壊し、性的暴行事件を隠蔽した。断じて許されません（拍手）。なぜ沖縄県に通報しなかったのか、全容が解明されなければなりません。

16歳未満の少女への誘拐・性的暴行事件が発生したのは、昨年12月24日、その4日後に、政府は、辺野古新基地建設をめぐり、玉城デニー知事から権限をとりあげ、埋め立てを強行する「代執行」を決定。今年4月、日米首脳会談で、日米同盟強化を確認し、沖縄へのミサイル配備や基地強化を押し付けることを公然と掲げ、5月17日、アメリカのエマニュエル駐日大使が、軍用機で与那国島と石垣島へ行き、自衛隊基地などを訪問。軍用機の使用中止の沖縄県の要請は無視されました。5月26日、またもや米兵による性的暴行事件が発生。その11日後に、沖縄県議選告示。辺野古新基地建設を進めるためには、自民党など県政野党が議席を伸ばすことが求められていました。

一連の政治日程をみれば、在日米軍への沖縄の怒りを広げるわけにはいかない、だから米兵による重大な犯罪をいずれも隠蔽したのではないのか――こうした重大な疑惑を指摘せざるをえません。（拍手）

憲法解釈を変えて恥じない自民党政治は、日米同盟強化のためには何をやってもよいというモラル崩壊を起こし、ついに国民の命と安全、女性の尊厳よりも、日米同盟を優先するところまで落ちぶれた。

米軍基地があるために、沖縄でどれだけの命が犠牲になり、どれだけの女性や子どもの人権が蹂躙《じゅうりん》されてきたのか。これは沖縄だけの問題ではありません。「オール沖縄」の不屈のたたかいに連帯しようではありませんか（大きな拍手）。強権政治に断固立ち向かい、辺野古新基地建設の中止、普天間基地閉鎖・撤去、基地のない平和で豊かな沖縄を返せと全国で声をあげていこうではありませんか。（大きな拍手）

「オール沖縄」の不屈のたたかいも、市民と野党の共闘も、強権政治への怒りのなかで生まれた

日米同盟強化にひた走る自民党政治は、その理不尽さゆえに、強権政治への怒りを広げ、そのもとで「オール沖縄」の不屈のたたかい、そして、市民と野党の共闘が生まれました。

２０１５年9月19日、安保法制が強行されたその日に、私たち日本共産党は中央委員会総会を緊急に開き、集団的自衛権行使容認の閣議決定の撤回、安保法制の廃止、この一致点で、国民連合政府をつくろう、そのために市民と野党は共闘しようと呼びかけました。この呼びかけは、連日連夜、国会に駆けつけた方々、全国で安保法制反対の声をあげた方々の「野党は共闘」という声にこたえたものでした。

市民のみなさんとともに築いた「市民と野党の共闘」は、自民党を震え上がらせるほどの力となりました。だからこそ、すさまじい妨害や攻撃が絶えず起きています。それでも、市民のなかに「立憲主義を守れ」「野党は共闘」の声は決して絶えることはありません。私たちも決してあきらめません。

あらためて心から呼びかけます。２０１４年の集団的自衛権行使容認を一大契機に、自民党政治によって、憲法がこれほど蹂躙されているいま、「立憲主義を守れ」の原点に立って、市民と野党の共闘を再構築しようではありませんか。（大きな拍手）

「東アジア平和提言」に共感が広がり、平和運動の発展の力に

いま日本が直面しているのは、どうしたら戦争の心配のない東アジアをつくることができるか、ということです。軍事同盟強化一辺倒では、軍事対軍事の悪循環のエスカレーションに陥っていきます。私たちは、日本の外交として、憲法9条を生かし、ＡＳＥＡＮ＝東南アジア諸国連合と協力した平和外交を行うよう求めています。

4月17日、国会内で、志位和夫議長が「東アジアの平和構築への提言――ＡＳＥＡＮと協力して」を講演し、21カ国から大使や外交官、日本の外務省、他党の国会議員も参加して大きく成功しました。（冊子を掲げ）これもこのようにパンフレットにまとめられています。ぜひお読みください。参加した外交官の方々からは、一政党が平和をテーマに、国際社会にも開かれた講演を行うのか、驚いた――こういう声とともに、「国際

政治の中でどう平和を構築するか、包括的な話を聞くことができた」「理想を掲げつつ現実的なアプローチをとっていることに共感した」など、熱い共感が寄せられています。大変うれしいことです。

この「東アジア平和提言」をもって、緒方靖夫副委員長がヨーロッパや中国を訪問しています。今もヨーロッパにおられます。

5月、フランス共産党主催のパリ平和国際会議では、緒方さんがこの提言を紹介したことに対し、外交問題の研究者の方々から、「ASEANという地域共同体に着目して、その平和の役割、すでに存在している東アジアサミットの活用という着想には考えが及ばなかった。ASEANを視野に入れて世界を見ることは必要だと感じた」。あるいは、「世界の分断とブロック化に反対する明確なメッセージが提言にある。ウクライナ戦争をどう終わらせるかという重大な課題にとっても役立つ普遍性をもつテーゼだ」など、スピーチを終えた緒方さんに次々と感想が寄せられたといいます。

中国への訪問は、上海の復旦《ふくたん》大学日本研究センターの招きに応えたもので、「日中関係および東アジアの平和と発展」と題して基調報告を緒方さんが行いました。日中両国関係では、わが党が昨年3月に発表した「日中両国関係の前向きの打開のために」の提言を紹介しました。その内容は「東アジア平和提言」に盛り込まれています。日本と中国は、2008年の日中首脳会談で、「互いに脅威とならない」と合意しています。尖閣《せんかく》諸島の問題では2014年の日中合意で、「尖閣諸島等東シナ海の海域において近年緊張状態が生じていること」について日中が「異なる見解を有している」と認識し、「対話と協議」を通じて問題を解決することを確認している。さらに日中両国が参加する多国間の枠組みとしては、双方が東アジアサミットに参加し、「ASEANインド太平洋構想」（AOIP）を支持している。こうした合意や一致点を互いに尊重して、日中両国関係の前向きの打開をはかる外交努力が必要だ――こういう立場で緒方さんは話しました。そのさいに、尖閣問題、台湾問題では、「東アジア平和提言」で表明したわが党の立場を率直に話しました。先方からは、尖閣諸島、台湾問題について中国の立場が表明されました。この点では双方が異なる意見を述べた、ということです。同時に、「互いに脅威とならない」など、日中両国政府に存在する共通の土台に着目して両国関係を前向きに打開するという「東アジア平和提言」「日中提言」の提起に対しては、全体として肯定的な受け止めが語られ、こうした率直な議論を続けていくことになりました。

中国に対して言うべきことは言いつつ、両国間に存在する共通の土台を大切にして、両国関係の前向きの打開、日中両国と両国民の友好のために、道理にたって冷静な平和外交の努力をつくしている政党、それが日本共産党だということを強調したいと思います。

私たちの「提言」は机上、机の上でつくったものではありません。日本共産党は、1990年代から、ASEANが「紛争の平和的解決」を明記する東南アジア友好協力条約（TAC）を基盤にして、平和の地域をつくろうとしていることに注目してきました。そして、ASEAN諸国への繰り返しの訪問やアジア政党国際会議（ICAPP）への参加などの野党外交にとりくんできました。とりわけ、昨年12月の東南アジア3カ国訪問で、最新のとりくみを学んできたことは、「東アジア平和提言」を作成するうえで大きな力となりました。

私も昨年の東南アジア訪問に参加しました。インドネシアの首都、ジャカルタにあるASEAN本部は大きな二つのビルで、ここにASEAN10カ国から外交官が派遣され、ワンチームで仕事をしているのだと考えるだけで、そのスケールの大きさに感動しました。

ラオス出身のエカパプ事務局次長が、日本からようこそと迎えてくれましたが、最初は、日本からの経済協力・海洋協力の重要性を強調する話でした。その大切さはわかるのですが、これはどういう面談になるのだろうかという思いになりました。共産党に投資の大切さということをお話しされて、どうなるのかなと思ったんですね。ただ考えてみれば、日本政府は、ASEANとの関係では経済ばかりに目を向けているので――これ自体はASEANが重視している柱の一つなんですが――、日本から来た政党も同じだと、こういうふうに思われていたんだと思うんです。しかし、当時の志位委員長が、ASEANの平和構築の努力に注目しているんですよと、こういう話をすると、エカパプ氏の話がパッと発展したんです。そこからが本当にフレンドリーな踏み込んだ対話になったと実感しました。ASEANが、「平和」と「経済」の両面で関係強化に努めているという姿がよく理解できるやりとりでもありました。

エカパプ次長は、ASEANの国ぐには互いに家族だ、家族のなかでトラブルが起こることもある。だからといって排除や外からの力で解決することはしない。家族が結束して、粘り強い対話を重ねて、時間がかかっても一歩ずつ問題を解決するんだと、こう話されました。これが包摂だということを実感しました。国家体制も経済力も、宗教や文化も異なる10カ国が、多様性を尊重し、対等・平等の立場で対話を重ね、みんなが合意できる一致点を見いだしていく。それは時間がかかる。しかし徹底した対話を積み重ねていけば武力衝突には絶対にならない。対立や分断も生まれない。あの国は気に入らない、問題があると言って排除や敵対するのではなく、地域のすべての国ぐにを包摂し、平和的共存のためにどこまでも努力する。これがASEANが実践している外交です。これこそ憲法9条が求めている外交であり、そういう日本外交をぜひとも実現したいと、心から思います。（大きな拍手）

今、私たちの「提言」を契機に、今月24日には全国革新懇などのシンポジウムが、8月の原水爆禁止世界大会ではフォーラムが企画され、草の根から東アジアの平和構築をはかっていこうという新しい運動が始まろうとしています。立場の違いを超えて、市民の運動を広げ、平和外交に踏み出せと日本政府に求めていきたいと思います。

「東アジア平和提言」は、軍事同盟の是非についての立場の違いを超えて、緊急にとりくむべき内容になっています。軍事同盟のもとでも実現可能な提案ということです。同時に、「日米同盟絶対」という流れが支配的なもとで、こうした「提言」を打ち出せるのは、日本共産党がアメリカいいなりから脱却するという日本の政治改革を目指しているからだということを強調したいと思います。

戦争への道にキッパリ反対を貫くとともに、世界の道理にたって平和の対案を示し、その実現のために行動する党——日本共産党を総選挙で伸ばすことこそ、日本とアジアの平和をつくる最大の力となることを心から訴えたいと思います。（大きな拍手）

3 ジェンダー平等——人権後進国から先進国へ

人権をめぐる巨大な前進。世界の流れに逆行し孤立する自民党政治

ジェンダー平等、人権をめぐって、日本でも世界でも大きな前進が始まっています。

同性婚を認めない法制度は憲法違反という札幌高裁の判決、旧優生保護法は憲法違反であり国家賠償を命じた最高裁判決、「生理の貧困」のとりくみ、痴漢ゼロの運動、子どもの権利への注目、また、外国人の人権を軽んじる出入国管理制度に対して、若い世代が声をあげ続け、個人の尊厳を掲げた大きな連帯も生まれています。

しかし、こうした前向きの変化に対して、安倍政権以降の自民党政治は、妨害・サボタージュを続け、世界の流れにも逆行した孤立した姿を示しています。

ジェンダー平等・個人の尊厳を求める大きなムーブメント

なかでも自民党の孤立が鮮明になっているのが、選択的夫婦別姓制度への妨害です。先月10日、日本経団連（日本経済団体連合会）が「夫、妻、おのおのが希望すれば、生まれ持った姓を、戸籍上の姓として名乗り続けることのできる制度」、つまりは選択的夫婦別姓の早期実現を政府に求めました。長年の女性たち

の運動、国民の運動で、経済界も大きく変わったのです。

私も、先の国会最終盤の党首討論、持ち時間4分で、このことを岸田首相に示して、選択的夫婦別姓に踏み出そうと迫りました（拍手）。岸田首相は、経済上の問題が起きているということは認めた。ところが、「家族の一体感に関わる問題」だから議論が必要といって、結局、棚上げにする姿勢に終始しました。

すでに日本には、事実婚の家族、夫婦で異なる名字の家族は、何百万も存在しています。何か問題があるとでもいうのでしょうか。家族のあり方は、それぞれの家族の営みのなかでつくるものであって、政府に指図されるいわれはありません（大きな拍手）。別姓か同姓かどちらかを選ばせてほしいという要求に対して、「家族の一体感」といって、圧倒的に女性が名前を変えている現状を続けようとする、それは、夫の家に妻が入るのだから女性が名字を変えるのが当たり前という、明治時代の「家制度」に根ざした古い価値観を壊したくない、ただそれだけのことではないでしょうか。

今週の「しんぶん赤旗」日曜版（7月14日号）の1面、見出しは「経団連に聞いてみた」です。選択的夫婦別姓の提言について、赤旗記者が経団連を訪問して取材する――いまや時代は大きく変わっています。変わってないのは自民党。立場の違いを超えた連帯と運動で、特定の価値観を押し付けるな、多様な家族を法的に認めろと求めていこうではありませんか。（大きな拍手）

男女賃金格差の是正では、女性たちの運動、国民の運動、わが党の国会質問で、企業に男女別の賃金を公表させた、これはとても重要な一歩前進です。公表によって、一般職・総合職という、コース別採用をしている大企業ほど、格差が大きいということがわかってきました。

先日、男性が大半の総合職だけ利用できる社宅制度は、一般職の女性社員への間接差別だと断罪する判決が確定しました。間接差別を男女雇用機会均等法違反とする、初めての判決です。AGC（旧旭硝子）の子会社を訴えた女性は、総合職の男性社員と変わらない仕事をしていました。総合職に転換してほしいと希望すると「転勤できるのか」と突き付けられ断念していたといいます。しかしあきらめなかった。「これは間接差別」だと、勇気をもってたたかった女性に敬意を表するとともに、この判決を格差是正の力にしていく決意です。（拍手）

これまでも、「女性は30歳で定年」という早期定年制、これはテレビ局などで女性の容姿は30歳までだと言って、「30歳定年」ということがやられたんです。パートだからという賃金差別、女性の正社員への昇給昇格差別などに対して、多くの女性たちが職場で声をあげ、裁判にも訴えてたたかい、女性への直接の差別を禁止する社会へと変えてきました。しかし、財界と大企業、そして自民党政治は、手を替え品を替え、女性を使い勝手のよい「安上がりな労働力」として、今も利用し続けています。その一番の問題は、形のうえでは平等だが結果として格差がつく間接差別が、日本には今も深刻な形で存在していることを認めようとしないし、理解しようともしないことにあります。こうした考え方のもと、「女性は家事・育児を担うから」「女性は家計を補助的に支えればよいから」、そして男性には「長時間労働・単身赴任をしなければ出世できない」という働き方が押し付けられてきました。「間接差別」への無理解、「性別役割分担」の古い考えを、もう一掃して、差別・格差を当然とする働き方を変える時ではないでしょうか。（「そうだ」の声、大きな拍手）

多くの国ぐにが、ジェンダー平等でこそ、個人の尊厳が大切にされるとともに、社会も企業も経済も元気になる、という方向に進み、実際にこれらの国ぐにの経済は、日本よりも大きく成長しています。日本も、ジェンダー平等社会へと本気で変わる時です。自分も大切にしながら働ける、家族も大切にできる働き方、生活を楽しめる賃金と労働時間、将来を見通せる安定した雇用――安心して働けてこそ、能力を伸ばし発揮することができる、そして経済も成長する。日本もこの方向へと転換していこうではありませんか。（大きな拍手）

日本共産党は、4年前の綱領一部改定で、日本改革の柱に、「ジェンダー平等社会をつくる」「性的指向と性自認を理由とする差別をなくす」ことを掲げました。そのことで、性暴力や性搾取をなくそう、避妊や中絶は女性の権利、LGBTQへの差別解消を、女性の議員を増やそうなど、多くの運動に学び連帯することができました。国会や地方議会でも、ジェンダー平等・個人の尊厳を、日本の政治の中心課題にすえようという努力が強まりました。綱領に太く位置づけたことが、党のなかでもジェンダー平等を進めようという自己改革にもつながっています。こうした努力をさらに進める決意を表明するものです。

憲法制定77年、憲法守れ、生かせのたたかいが社会を変える

人権後進国から先進国へ、それは憲法を守り生かす政治と一体のものです。

NHKの連続テレビ小説「虎に翼」で憲法の条文が読み上げられて、それだけで涙が出てきたという方が日本中におられるのではないでしょうか。基本的人権を高らかにうたう日本国憲法の誕生から77年。この憲法が自民党政治によってないがしろにされてきたことで、日本は世界の流れから取り残され、恥ずべき人権後進国になってしまいました。

「すべて国民は、個人として尊重される」「すべて国民は、法の下に平等であって、人種、信条、性別、社会的身分又は門地により、政治的、経済的又は社会的関係において、差別されない」――私たちには憲法があります。この憲法を実現する政治へと転換し、人権先進国へと、ともに進もうではありませんか。（大きな拍手）

経済、平和、人権で、政治を変える展望をお話ししました。希望ある政治はみえてきたでしょうか。

ゆきづまった政治を希望の政治へと変える力は、なんといっても市民の運動・たたかいです。あらゆる分野で、要求の一致点での運動を広げて、自民党政治を終わらせる国民的なたたかいへと大きな流れをつくろうではありませんか。（拍手）

そしてもう一つの力。それは、政治を変える展望、政策を持ち、市民との連帯を何よりも大切にして、どんな困難にも屈せず社会変革をめざす日本共産党が大きくなることです。これが、政治を変える確かな力です。

来たるべき総選挙にむけて、自民党政治を終わらせる大きな運動をまき起こしましょう。そして総選挙で、日本共産党の躍進を必ず勝ち取らせてください。どうぞよろしくお願いいたします。（大きな拍手）

4 未来社会――資本主義の危機。社会主義・共産主義の展望を語ろう

資本主義の危機。気候危機が日本社会に重大な影響を与えている

今、世界でも日本でも、資本主義がもたらす害悪が深刻となっています。その一つとして誰もが痛感しているのが、気候危機ではないでしょうか。猛暑、豪雨、海水温の上昇などが、今、暮らしにも経済にも大きなダメージを与えています。

しわしわのサクランボ、すかすかの大根、白濁したおコメなど、猛暑による農作物の被害が大問題になっています。日本近海での海水温の上昇が、海流を変え、とれるはずの魚が全くとれなくなり、漁業と水産加工に甚大な影響を与えています。災害も多発し、命と暮らしが脅かされています。

国連（国連・国際防災戦略事務局）の報告によれば、世界で、豪雨など気候変動に関連する災害の被害額は、2017年までの20年間で2・2兆ドル（約350兆円）にのぼり、その前の20年間

の2・5倍にもなったということです。

私たちは、「気候危機打開のための2030戦略」を打ち出して、日本政府に、ただちに二酸化炭素排出ゼロにむけた実効性のある対策をとるよう求めています。同時に、資本主義のシステムのままでよいのか、「もうかりさえすれば、あとは野となれ、山となれ」の「利潤第一主義」から抜け出すことが必要だという声を、今こそあげていきたいと思います。資本主義をのりこえた未来社会――社会主義・共産主義を求めるのが、日本共産党だからです。

「人間の自由」こそ社会主義・共産主義の目的であり特質

しかし、社会主義・共産主義には「自由がない」、そんな社会になるのはいやだという声も多く聞かれます。

今年1月の第29回党大会で、私たちは、「人間の自由」こそ社会主義・共産主義の目的であり特質だということを「三つの角度」から打ち出しました。この大会決定の実践として、4月27日、志位和夫議長が、民青同盟主催の「学生オンラインゼミ」で、「共産主義と自由」をテーマに講演を行いました。さらに、この講演の理論的背景について、6月25日の講義で語られました。志位議長の講演と講義では、マルクスの生涯をかけた大著『資本論』とその準備のための『資本論草稿集』などを研究して、そもそもマルクス、エンゲルスがめざした社会主義・共産主義社会はどういうものだったのか、科学的社会主義の原点に立って明らかにされました。「人間の自由」の全面的な開花、「人間の自由で全面的な発展」、これこそが、マルクス、エンゲルスが未来社会の最大の特質としたものだった、こういう解明です。

講演を聞いた学生や青年からは「社会主義のイメージが百八十度変わった」。それはそうですよね。〝自由がない〟と思っていたら、〝自由だ〟っていう講演ですから。「社会主義・共産主義についてもっと学んでみたい」などの感想が相次いでいます。この講演は『Q&A 共産主義と自由――『資本論』を導きに』(新日本出版社)という書籍になったばかりです。ぜひ広げていただきたいと思います。

マルクスは、『資本論草稿集』と『資本論』を執筆するなかで、資本主義的な搾取の秘密を解明していきます。経済のところでお話しした通り、働く人はひどい搾取のもとにあり、その利益は大株主など資本家にため込まれています。まさに「カネ」や「モノ」の強欲な搾取です。しかし搾取されているのは、「カネ」や「モノ」だけなのでしょうか。今の日本の長時間労働をみれば、自分のための「自由な時間」が搾取されている、奪われている、これが多くの人々の実感でしょう。おカネやモノは、取り戻せるかもしれません。しかし、搾取された時間は取り戻すことができません。「資本家は自由な時間、すなわち文明を、横領する」。これがマルクスの告発でした。マルクスが、ここに注目していたことは、『資本論』と『草稿集』などに、随所にあらわれています。「自由に処分できる時間」――「自由な時間」こそが、人間と社会にとっての「真の富」だ、万人に十分な「自由な時間」が保障され、「自由で全面的な発展」が実現する社会――ここにマルクスの求めた社会主義・共産主義の最大の真髄があるのです。この点を明らかにしたところに、わが党が綱領と大会決定を土台にとりくんできた「共産主義と自由」論の重要な意義があります。

7月10日、志位議長は書籍出版についての会見のなかで次のことを強調しています。

「旧ソ連などでは、マルクスのこの肝心の思想が、未来社会論からまったく消し去られ、封印され、踏みにじられてきました。それは、マルクスの未来社会論を、物質的生産の分野の、しかも生産物の分配のあり方の問題にしてしまい、『人類の未来史からそのもっとも輝かしい部分を切り捨てる、きわめて大きな誤り』（不破哲三さん）でした。私は、この理論的な誤りは、旧ソ連において社会主義とは無縁の抑圧体制がつくられ崩壊にいたったことと、無縁ではないと思います」

日本共産党の綱領路線は、かつての国際的な「定説」とされたこうした社会主義論を大胆に克服し、マルクスの未来社会論の一番の輝き――「人間の自由」が開花し、人間の「自由で全面的な発展」を可能にする社会――ここに光をあて、マルクスの未来社会論の本来の輝きを現代によみがえらせるものにほかなりません。それは資本主義の深刻な矛盾の深まりのもとで、希望ある人類的未来を照らすことになるものだと確信いたします。

「自由に処分できる時間」――「自由な時間」を取り戻し、広げよう――マルクスのこの呼びかけは、現代の日本に生きるすべての人たち、とりわけ若い世代のみなさんの心に深く響くのではないでしょうか。

日本の労働者の労働時間はヨーロッパ諸国に比べて、年間400～600時間も長い。正社員には、残業や休日出勤をやってでも仕事をこなす責任を押し付ける。非正規で働けば、低賃金が押し付けられる――これでは、「自由な時間」を奪われるか、人間らしい生活を支えるお金を奪われるか、どちらかを選べというのと同じではないでしょうか。

搾取をなくせばどうなるか――賃金は大きく増え、かつ労働時間はぐっと減る。自分のための「自由な時間」、友人や家族と過ごす時間を今よりもずっと多くもつことができます。これは、妊娠・出産・子育てに時間を必要とする女性にとってはもちろん、子どもの養育に共同の責任を負う男性にとっても、劇的な変化をもたらすでしょう。

「自由な時間」を十分にもてたら、みなさんは、何に使うでしょうか。本を読む、旅行をする、スポーツや音楽を楽しむ、絵を描く、今の仕事とは全く異なることに挑戦することもできるでしょう。自分の内面からやりたいと思えることにたっぷり時間を使うことで、知識や経験が豊富になる、専門分野が深められる、個性や多様な能力が花開く、一人ひとりの人間が豊かに発達する、エンパワーメントする。そういう人間たちがつくる社会はますます豊かに発展するでしょう。それは社会に素晴らしい発展の力をあたえ、人間の発展と社会の発展の好循環がつくりだされるでしょう。

「自分を大切にして生きたい」「自由な時間をもちたい」――自分勝手でもなければ、封じ込めて我慢しなければならない思いでもありません。人類が成長・発達するうえで、当然の願いであり、この願いに応える社会へと歩むことは、とてもやりがいのある、わくわくするような大事業ではないでしょうか。（拍手）

社会主義・共産主義――未来社会は、私たちの大きな展望です。同時に、それは「夢に見るはるか先の話」というものではありません。今の自民党政治による暮らし破壊の政治とたたかい、労働でも、社会保障でも、教育でも、ジェンダーでも、資本主義の枠内で人権を守り、暮らしをよくするルールをつくっていくことが、未来社会に地続きでつながっているのです。そういう大きな展望、ロマンのなかに、今のたたかいを位置づけて、ともにたたかおうではありませんか。（拍手）

ゆとりをもって生活できる収入とともに、もっと「自由な時間」をと堂々と求めていきましょう。現役世代だけでなく、老後の「自由な時間」を保障する年金も求めましょう。ルールなき強欲な資本主義から、人間を大切にする経済社会へと変革し、その先にある未来社会への道を開こうではありませんか。心から呼びかけます。（大きな拍手）

5 時代を変える歴史的チャンス――日本共産党への入党を呼びかける

今、日本共産党の政策、国民が主人公を貫いて政治を変えようという立場とともに、未来社会と結びついた日本共産党という名前も、魅力となる時代が始まっています。政策も未来社会への展望も、知らせれば知らせるほど、日本共産党への共感や支持を広げることができる歴史的なチャンスを迎えていると、私たちは確信しています。

自民党政治のゆきづまりは、もうこれ以上、今の政治を続けさせるわけにはいかないというところまできています。日本共産党が強く大きくなって、多くの市民のみなさんと力を合わせ、古い政治の殻《から》を破る、新しい政治、新しい時代へと

変えていく歴史的チャンスの時ではないでしょうか。日本共産党に入党していただきたい。最後に心から呼びかけます。（拍手）

古い政治が限界にきているだけに、自民党や自民党を支えることで利権を手にする人たち、「アメリカいいなり」で日本を軍事大国にしたいという人たちは、国民の暮らしがどんなに犠牲になっても、今の政治にしがみつき、政治をもとから変えようという私たちに激しい攻撃、妨害をしてくるでしょう。私たちにとってのチャンスは、彼らにとっての大ピンチだからです。

日本共産党の創立から102年、先人たちも、私たちも、こうした攻撃や妨害にさらされながら、新しい時代への羅針《らしん》盤《ばん》をもち、どんな困難にも屈しないたたかいで、社会を変えようと歩んできました。党を強く大きくすることで、困難を打ち破ってきました。私たちも今、何よりも党の力をつけて、古い政治の殻を破りたいのです。

日本共産党員としての人生は、楽だとは言いません。悔しい思いもします。けれど、困難を乗り越えようとするから、仲間とともに成長する喜びがあり、社会の進歩と自分の人生を重ね合わせて生きる喜びがあります。

戦前、侵略戦争反対を不屈に掲げた日本共産党の先人たちは、激しい弾圧にあいました。逮捕・投獄され、命をおとした先人が何人もいます。「アカ」「非国民」と差別され、「共産党は怖い極悪人」だと偏見にさらされても、信念を貫いた先人たちがいたことが、どれだけ日本の歴史にとって大きな意味を持つか。今日の日本国憲法の平和と民主主義の理念は、戦前から日本の中で切望されていたのだと、先人たちのたたかいとともに語ることができるのです。

私は20歳で日本共産党に入党しました。アメリカと当時のソ連が核兵器の軍拡競争をしている時代に、日本共産党が「核兵器は廃絶できる」と呼びかけていたからです。核兵器の使用、実験、開発、貯蔵、これらすべてを禁止する国際条約をつくり、核保有国を包囲しようという呼びかけに衝撃を受けました。「無理だ」「理想だ」と言われながら、核兵器廃絶を求める国際署名にとりくむことは、私に未来への希望を持って生きることを教えてくれました。それから時がたち、核兵器禁止条約が誕生した時、時代を拓《ひら》く一人になれたことに心から震えるほどに感動しました。

今、新しい時代への扉を開く歴史的チャンスの時です。古い政治の殻を、ともに力を合わせて打ち破りましょう。希望の政治を、未来への展望を、ともに学び語り、日本の社会を前へと進めましょう。日本共産党への入党を重ねて心から呼びかけます。

「ともに歩もう、時代を拓こう」――ありがとうございました。（大きな拍手）

（「しんぶん赤旗」2024年7月15日付）

—M E M O—